# LE TAROT DES ANGES

Titre original : *Angel Tarot Cards*



Traduit de l'anglais par Alexandra Martin-Roche

ISBN : 978-2-36188-084-2

Note de l'éditeur :
La traduction de cet ouvrage a été réalisée par un traducteur Québécois. Par respect du droit de la propriété intellectuelle, nous avons pris le parti de laisser les termes propres à la traduction originale.

www.editions-tredaniel.com
info@guytredaniel.fr
www.facebook.com/editions.tredaniel



Imprimé en Chine

Conception de la couverture : Nick C. Welch
Illustration de la couverture : Steve A. Roberts
Photo de Doreen : Joolz Perry
Photo de Radleigh : Rod Wildeman, 222.rodwildeman.com
Photo de Steve : Ritia Roberts

# LE TAROT DES ANGES

Doreen Virtue
& Radleigh Valentine
Illustrations de Steve A. Roberts

Cinquième édition

ÉDITIONS EXERGUE
27, rue des Grands Augustins
75006 Paris

# Sommaire

# COMMENT UTILISER LES *CARTES DU TAROT DES ANGES*

Le tarot est un outil divinatoire dont les origines remontent au XIVe siècle, voire à l'Égypte ancienne. Le deuxième « t » du mot tarot est muet, donc on prononce ce mot « tar oh ». Fait intéressant, en Amérique du Nord, on met l'accent sur la première syllabe alors que dans les autres régions, c'est la deuxième syllabe qui est accentuée.

Le tarot a marqué la vie d'un nombre incalculable d'individus, leur apportant paix, confort et perspective dans des moments de bonheur, tout comme dans les moments difficiles. C'est l'une des méthodes les plus précises pour recevoir une guidance détaillée à propos de votre avenir, tout en obtenant des réponses à vos questions. Consulter des cartes de tarot, c'est un peu comme passer du temps avec un parent avisé et cher à votre cœur – parent qui est en mesure de reconnaître les zones d'ombre et les grandes joies de la vie. De nombreuses personnes éprouvent toutefois du dégoût et de la frayeur à l'endroit des images et des phrases traditionnelles utilisées en tarot. Voilà pourquoi nous avons créé les *Cartes du tarot des anges.* Nous nous sommes efforcés de préserver les anciennes méthodes divinatoires, tout en ayant exclusivement recours à des mots et à des images au contenu positif, bienveillant et axé sur la vie.

La palette d'émotions et d'expériences associées au tarot traditionnel a donc été conservée. Nous avons cependant donné une nouvelle signification aux images et aux mots reposant sur la peur. L'objectif poursuivi est d'éclairer – et non pas d'effrayer – les utlisateurs de ces cartes.

Notre réinterprétation insuffle un symbolisme à la fois novateur et vibrant à ces cartes de tarot. Cela risque peut-être de dérouter les utilisateurs expérimentés. Or, que vous soyez un vieux routier ou un parfait débutant en matière de tarot, un fait demeure : les messages contenus dans ce jeu sont encourageants, rafraîchissants et exacts. Nous nous sommes efforcés de préserver les réponses détaillées du tarot traditionnel, tout en simplifiant les interprétations. Vous n'aurez donc pas à feuilleter une multitude de pages avant de recevoir un peu de guidance.

## *Utilisation* des *Cartes du tarot des anges*

À l'origine, le tarot se composait de deux jeux de cartes : les arcanes mineurs et les arcanes majeurs. (Le mot arcane signifie un secret profond ou un grand mystère.) Les deux jeux ont ensuite été combinés afin de former un jeu traditionnel de 78 cartes.

Les **arcanes majeurs** sont formés de vingt-deux cartes décrivant des événements importants et des moments décisifs de l'existence : un mariage, une grossesse, une relation, des changements professionnels et des défis personnels, par exemple. Les arcanes majeurs peuvent également représenter les différentes phases ponctuant notre existence, entre l'enfance et la vieillesse.

Les **arcanes mineurs** représentent les événements « ordinaires » de la vie quotidienne. Ils sont divisés en quatre suites d'éléments : le feu, l'eau, l'air et la terre.

Les arcanes mineurs sont numérotés de 1 (As) à 10. Des cartes de la cour se greffent à ces séries : un page (carte 11), un chevalier (carte 12), une reine (carte 13) et un roi (carte 14).

On considère généralement un jeu de cartes de tarot comme un tout unifé. Or, certaines personnes – et je suis moi-même (Doreen) l'une d'entre elles – préfèrent utiliser séparément les arcanes majeurs et les arcanes mineurs. Lorsque vous utiliserez les *Cartes du tarot des anges*, vous constaterez que chaque carte des arcanes majeurs met en vedette l'un ou l'autre des quinze archanges les plus importants ! (Quelques archanges apparaissent sur plus d'une carte, ceux-ci personnifiant des aspects associés à diverses cartes.) Tout au long de votre cheminement spirituel, ces archanges vous protégeront, tout en vous guidant avec clarté. Les cartes des arcanes majeurs peuvent également être mélangées à vos autres jeux de cartes angéliques de divination. Vous pourrez ainsi obtenir des détails supplémentaires lors de vos tirages.

Les arcanes mineurs se composent de quatre suites d'éléments. L'élément terre a été représenté à l'aide de peintures de fées, l'air par des licornes, l'eau par des sirènes et le feu par de gentils dragons. (Dans le tarot traditionnel, l'air est représenté par des épées. Afin de mettre en place une imagerie plus douce, nous avons remplacé ces armes par des licornes : les cornes de ces créatures ressemblent toutefois à des épées.)

Lors d'un tirage, les cartes de la cour peuvent représenter une situation ou encore une personne. Lorsque le tirage montre l'influence d'une autre personne dans votre vie (l'influence d'un amoureux, par exemple), les pages et les reines représentent les femmes (ou encore les hommes féminins). Les chevaliers et les rois représentent, quant à eux, les hommes (ou encore les femmes masculines).

À l'origine, la Justice était la huitième carte des arcanes majeurs alors que la Force était la onzième carte. Au début du XXe siècle, Arthur Edward Waite a cependant changé l'ordre des cartes, lorsqu'il a créé son fameux jeu Rider-Waite. Les raisons de ce changement sont obscures. Cette inversion a bouleversé le flux historique du cheminement spirituel des arcanes majeurs. C'est pour cette raison que nous avons rétabli les cartes dans leurs positions d'origine dans les *Cartes du tarot des anges*.

Les cartes de tarot étant sujettes à de multiples interprétations, nous vous recommandons de lire la signification et la description de chacune d'entre elles dans ce guide d'accompagnement. Laissez votre intuition vous guider vers l'interprétation étant la plus appropriée au tirage. Faites confiance aux anges et laissez vos sentiments vous guider. Riches en symboles et en images, les cartes de ce jeu sont également en mesure de vous transmettre des réponses et des messages. Portez attention aux portions des images ayant attiré votre regard. Les illustrations transmettent elles aussi des messages importants. Conjugué à votre intuition, ce guide d'accompagnement vous aidera à trouver des réponses à toutes vos questions.

Des cartes sont renversées ou apparaissent à l'envers lors de votre tirage ? Tâchez de vous concentrer sur une question particulière liée à cette carte. L'inversion peut aussi vouloir dire que l'énergie gravitant autour de cette carte est sur le point de s'affaiblir.

Voici les étapes à suivre pour effectuer un tirage à l'intention d'autrui ou de vous-même :

## Étape 1 : épurez votre jeu de cartes

Les cartes étant des instruments sensibles, vous devez les libérer de toute l'énergie qu'elles ont pu absorber pendant le processus de fabrication. Les étapes 1 et 2 ne doivent être effectuées que si quelqu'un d'autre manipule votre jeu de cartes – ou encore si vos tirages manquent de clarté. Les cartes ont peut-être été obstruées par un trop-plein d'énergie.

Pour épurer vos cartes, vous devez d'abord tenir le jeu à l'aide de votre main non dominante (si vous êtes gaucher, il s'agit de la main droite et vice versa si vous êtes droitier) – main qui reçoit l'énergie. Serrez le poing de votre main non dominante (celle qui transmet l'énergie) et frappez le jeu de cartes à une reprise. Vous serez ainsi en mesure de libérer l'ancienne énergie. Désormais semblables à une page blanche, vos cartes seront prêtes à être imprégnées de votre propre vibration.

## Étape 2 : consacrez les cartes

Touchez brièvement les cartes afin de les imprégner de votre énergie personnelle. Pour ce faire, vous pouvez simplement toucher les coins de chacune d'entre elles. Déployez ensuite les cartes en éventail, de manière à ce que les illustrations vous fassent face. Tenez les cartes en éventail près de votre cœur. Réflechissez à la prière ou aux intentions que vous aimeriez offrir à vos cartes. Prononcez ces paroles à voix haute ou en silence :

*Que tous les tirages que j'effectuerai à l'aide de ces cartes soient exacts et précis, et qu'ils apportent des bienfaits à toutes les personnes concernées. Veuillez m'aider à me centrer sur mon Moi supérieur. Aidez-moi à entendre, voir, ressentir et connaître avec clarté les messages divins qui souhaitent émaner de ces tirages.*

Priez et demandez à être imprégné des vertus (la confiance, la clarté, la compassion, etc.) qui se montreront nécessaires lors de vos tirages. Vos cartes sont maintenant investies de votre vibration personnelle et de vos intentions.

## Étape 3 : posez une question

Réfléchissez à une question dont vous aimeriez connaître la réponse. Si ce tirage s'adresse à quelqu'un d'autre, demandez-lui de penser à une question ou de la verbaliser. Vos anges et guides peuvent entendre vos pensées. Il n'est donc pas nécessaire de poser vos questions à voix haute.

## Étape 4 : brassez les cartes

Réfléchissez à cette question tandis que vous brassez les cartes. Demandez aux anges de vous guider et de répondre à vos questions. Si une ou plusieurs cartes semblent « émerger » du jeu tandis que vous les mélangez, mettez-les de côté. Elles feront partie de votre tirage.

Tâchez d'être attentif aux sentiments, pensées, mots ou visions qui ocupent votre esprit tandis que vous brassez vos cartes. Cette guidance divine vous permettra de mieux comprendre les cartes que vous tirerez.

Lorsque les cartes semblent se séparer en deux tas distincts, il est temps d'arrêter de les brasser. Il se peut qu'un sentiment, une pensée ou une vision vous incite à cesser de remuer les cartes ; vous pourriez même entendre les mots *« Arrête de battre les cartes maintenant »*. Faites confiance à ces messages divins et honorez-les : ils pourront vous aider pendant le tirage. Sachez qu'il est impossible de se tromper et d'arrêter de battre les cartes trop tôt : la loi de l'attraction s'assure que vous choisissiez toujours les bonnes cartes.

## Étape 5 : choisissez une carte

Tirez la carte se trouvant sur le dessus du jeu. Vous y trouverez la réponse à votre question. Cette carte vous guidera peut-être vers les étapes de guérison qu'il vous faut suivre pour venir à bout de vos difficultés. Tout en lisant les mots figurant sur cette carte, soyez attentif aux pensées, mots, sentiments ou visions qui surgissent en vous. Vos anges et vos guides utilisent ces moyens de communication afin de personnaliser la signification de cette carte pour vous. L'image a également une signification : tâchez donc de l'étudier en détail. Si une ou plusieurs cartes semblent « émerger » du jeu tandis que vous les mélangez, mettez-les de côté, puis examinez-les de manière attentive.

## Étape 6 : consultez ce guide d'accompagnement

Reportez-vous à la page consacrée à chaque carte dans le guide d'accompagnement. L'information qui s'y trouve vous offrira une guidance sur-mesure : vous pourrez mieux faire face aux changements qui ponctueront votre existence. Tout en lisant ces mots, soyez attentif aux pensées ou aux sentiments qui surgissent en vous. Ces éléments permettent eux aussi de personnaliser la réponse qui vous est communiquée.

## *Tirage à trois cartes*

Après avoir suivi les étapes 3 et 4, tirez trois cartes se trouvant sur le haut de la pile. Étalez la première carte à votre gauche, la deuxième au milieu et la troisième à votre droite. Assurez-vous que les images et les mots vous fassent face.

La carte se trouvant à votre gauche se consacre à votre passé immédiat, en regard avec les questions que vous vous posez. La carte du milieu s'intéresse à l'état actuel de votre questionnement : il vous indique ce que vous devez savoir ou devez faire dès maintenant. La carte à votre droite vous présente l'avenir immédiat risquant de se matérialiser si vous poursuivez sur la même voie et si vous vous conformez à la guidance qu'elle vous indique. N'oubliez pas que vous pouvez bonifier l'avenir qui s'offre à vous : efforcez-vous d'afficher une attitude positive et d'être fidèle à votre guidance intérieure.

Si vous tirez différentes cartes liées à la carrière dans ce tirage multiple, vous verrez alors les options qui se présentent à vous. Par exemple, le but de la vie de certaines personnes est d'être des « guérisseurs », mais ils ont le choix de décider la forme de guérison qui leur correspond le plus. Ils peuvent également être des guérisseurs éclectiques qui mêlent plusieurs styles ensemble.

## *La croix celtique*

La croix celtique est l'un des tirages de tarot les plus populaires. On y a recours pour trouver des réponses à propos de toutes sortes de questionnements. S'appuyant sur dix cartes, ce tirage met en lumière votre situation de base, les défis auxquels vous faites face, votre passé, votre présent, votre avenir immédiat et le résultat le plus probable.

Après avoir suivi les étapes 3 et 4, étalez dix cartes face visible comme le montre le diagramme.

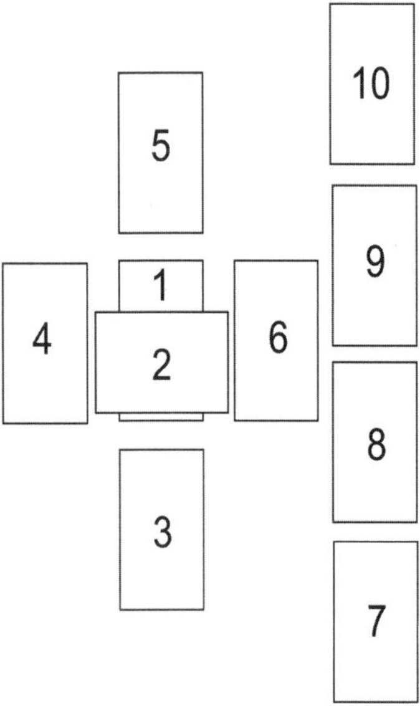
10
5
9
1
4
2
6
8
3
7

**La carte 1** représente la situation.

**La carte 2** représente les défis liés à votre questionnement.

**La carte 3** représente la situation de base.

**La carte 4** représente le passé lié à cette situation.

**La carte 5** représente le présent.

**La carte 6** représente l'avenir immédiat.

**La carte 7** représente votre caapacité à agir sur la situation.

**La carte 8** représente l'impact des personnes qui vous entourent.

**La carte 9** représente vos espoirs et vos peurs.

**La carte 10** représente le résultat anticipé.

Les significations individuelles des cartes seront présentées dans les prochaines sections de ce guide d'accompagnement. N'oubliez pas de faire confiance à votre libre arbitre dans les décisons relatives aux divers domaines de votre vie. La prière, la visualisation, les affirmations positives et les actions concertées peuvent modifier l'issue probable de toute situation. Vos anges et vos guides vous aideront à altérer votre avenir de manière postive. Vous n'avez qu'à leur en faire la demande et qu'à accueillir leur aide.

# La signification des cartes

Ce guide d'accompagnement détaille la signification générale de chacune des *Cartes du tarot des anges*. Fidèles à la formule traditionelle du tarot, les cartes des arcanes majeurs sont numérotées et apparaissent en premier. Elles sont suivies par les cartes des arcanes mineurs (non numérotées), lesquelles sont groupées en suites, depuis l'as jusqu'au roi.

Lorsque vous serez prêt à chercher la signification d'une carte précise, trouvez la page correspondante et lisez l'interprétation et le symbolisme lui étant associés. Votre sagesse intérieure vous indiquera si l'une ou l'autre de ces informations s'applique à vous ; elle pourrait également vous fournir de nouvelles perspectives sur votre situation. Votre intuition vous permettra d'accueillir les messages personnalisés qui vous sont communiqués par vos anges et vos guides. Portez donc attention à vos pensées et à vos sentiments lorsque vous lisez.

# Les arcanes majeurs

Les arcanes majeurs sont formés de vingt-deux cartes décrivant des événements importants et des moments décisifs de l'existence. Comme nous vous l'avons expliqué plus haut, ces cartes peuvent également représenter les différentes phases ponctuant notre existence entre l'enfance et la vieillesse. Fidèles à la formule traditionnelle du tarot, les cartes des arcanes majeurs sont numérotées. Chacune d'entre elles met en vedette un archange. L'archange qui y figure est étroitement associé au message de la carte.

# 0
# Le Rêveur

Les anges vous apportent cette carte au moment où vous vous préparez à entamer une phase de vie aussi nouvelle qu'exaltante. Vous devez absolument croire en vous. Sachez que l'Univers est bienveillant et qu'il souhaite vous voir réussir. Faites confiance à la vie. Engagez-vous : croyez en vos rêves ! Faites ce qu'il faut pour aller de l'avant en toute confiance.

Soyez à l'écoute de votre guidance intérieure tandis qu'elle vous suggère d'aller au bout de vos rêves. Faites cependant preuve d'ouverture d'esprit face aux informations qu'on vous communiquera et qui vous indiqueront la marche à suivre pour atteindre vos objectifs. Les renseignements ou conseils prodigués par un expert peuvent se montrer utiles. Cela dit, ne les laissez pas ralentir votre progression. Cherchez activement la perspective dont vous avez besoin.

**Autres significations de cette carte :** des actes de foi. Des solutions créatives. Des occasions inattendues. Affirmer votre indépendance. La nécessité d'aborder les défis avec optimisme.

*L'archange Metatron encadre et protège les personnes dont le cheminement spirituel en est à ses premiers balbutiements. Ainsi en est-il des jeunes qui sont éveillés spirituellement. Il est un guide merveilleux à qui l'on peut faire appel pour surmonter la gêne. Il nous aide à nous investir pleinement dans l'action et à aller de l'avant afin que nous accomplissions nos rêves. L'aide de Metatron nous permet de garder notre cœur d'enfant : nous pouvons dès lors faire preuve d'émerveillement et d'étonnement tout en nous frayant un chemin dans la vie.*

# 1
# Le Magicien

Cette carte vous indique que le moment est venu d'entamer de nouveaux projets ! Vous doutez d'être en mesure de réaliser vos rêves ? Dissipez ces doutes sur le champ ! Plus vous aurez confiance en vous, plus vous connaîtrez de succès ! Les anges peuvent heureusement stimuler votre force intérieure. Vous n'avez qu'à leur demander de vous aider.

Il se peut que vous ne vous sentiez pas encore prêt à vous engager sur cette voie. Vous êtes pourtant beaucoup plus prêt que vous n'osez le croire. Vos expériences de vie vous ont préparé à ce moment charnière.

Les occasions qui s'offrent maintenant à vous sont tout simplement magiques. Cessez de vous inscrire à des cours ou de lire encore plus de livres : vous ne faites que retarder le moment ultime, celui où vous franchirez la porte qui se trouve devant vous en ce moment. Menez des actions concertées se conformant aux projets pour lesquels vous vous êtes préparé.

**Autres significations de cette carte** : cessez de tergiverser ! Occurrences magiques. Efforts concentrés. Ressources inattendues.

*L'archange Raziel est l'ange des secrets spirituels et des mystères. Semblable à un magicien, il aplanira les obstacles et nous guidera vers des occasions intéressantes. Il accélérera le processus de matérialisation afin que nous puissions connaître la réussite beaucoup plus rapidement que prévu, déjouant ainsi les prédictions de notre logique.*

# 2
# La Grande Prêtresse

Vous avez tiré cette carte parce que les réponses à vos questions sont enfouies dans vos sentiments et vos émotions. Fiez-vous à votre intuition et au pouvoir de vos capacités psychiques naturelles ! En outre, prêtez attention à vos rêves et à tout message intuitif que vous recevrez, car ceux-ci vous guideront avec précision.

Il est cependant inutile de vous lancer dans l'action pour le moment. Prenez plutôt le temps d'obtenir plus de conseils, car les choses ne sont pas ce qu'elles semblent être à première vue. Éloignez-vous du bruit de la vie quotidienne et demandez à vos anges et à vos guides de vous conseiller. Les informations vous étant réellement nécessaires vous seront révélées en temps et lieux opportuns. Faites donc preuve de patience.

**Autres significations de cette carte :** le silence est d'or. Consacrez-vous à l'étude des questions spirituelles. Faites preuve de discrétion en ce qui a trait à vos rêves et vos désirs. Tirez des leçons de situations émotionnelles que vous vivez.

*Semblable à une déesse, l'archange Haniel est l'ange de la grâce et de la spiritualité féminine (l'intuition et la clairvoyance, par exemple). Telle une vraie prêtresse, Haniel nous enseigne les choses spirituelles. Il nous conseille afin de nous aider à discerner les sentiments et idées auxquels nous devrions donner suite – idées et sentiments relevant d'une guidance digne de foi. Demandez à Haniel d'accroître votre discernement lorsque vous entrez en communion avec les anges.*

# 3
# L'Impératrice

S'il faut en croire cette carte, votre créativité et votre dur labeur vous apportent de grandes récompenses. Vous possédez une touche magique par les temps qui courent : les choses auxquelles vous vous consacrerez et qui solliciteront votre attention bienveillante connaîtront le succès. Le mariage, les enfants et les questions liées à la maternité et à la créativité bénéficieront désormais d'auspices favorables. Sachez que vos entreprises créatrices connaîtront le succès, qu'il s'agisse de donner naissance à un enfant, de prendre soin des plantes, de vous occuper d'animaux domestiques, de débuter un nouveau projet ou de permettre à une entreprise de croître.

Profitez des belles choses de la vie. Réjouissez-vous : vous méritez pleinement de recevoir autant de bienfaits. Prenez soin de votre corps à l'aide de massages, de yoga ou de toute activité vous permettant de déborder de santé et de mener une existence vibrante, pleine de volupté.

**Autres significations de cette carte :** abondance. Passer du temps dans la nature. Donner libre cours à des projets créatifs et artistiques. Aimer et prendre soin d'autrui ou de vous-même. Entrée de votre santé physique ou émotionnelle dans une phase positive.

*L'archange Gabriel est l'ange messager guidant et soutenant les parents étant sur le point de donner naissance ou d'adopter un enfant. Il soutient aussi les personnes prenant part à des projets créatifs inédits. Faites appel à Gabriel pour être inspiré par des idées créatrices et pour trouver le courage et les occasions de les exprimer.*

# 4
# L'Empereur

Le moment est venu de faire preuve de logique, d'ordre et de discipline. Cette carte vous indique que vos rêves sont, certes, valables et solides. Cela dit, ils ont besoin de lignes directrices et d'un peu d'organisation afin de se matérialiser adéquatement. Élaborez un plan détaillant votre marche à suivre. Faites preuve de bienveillance – mais aussi d'autorité – afin que ce plan puisse être mis en œuvre.

Tâchez de vous sentir investi d'une espèce de mission. Faites preuve de leadership dans votre vie professionnelle et dans les projets auxquels vous vous consacrez. Adoptez une approche structurée et ordonnée lorsque vous passerez de l'étape de la planification à celle de l'exécution. Soyez convaincu de votre capacité à devenir un leader positif et diplomate. Tâchez d'être plus efficace que vous ne l'êtes présentement.

**Autres significations de cette carte** : désir de réussite. Stabilité. Faire des choix judicieux. Sécurité. Agences gouvernementales. Application des lois. Respect des autres. Paternité.

*L'archange Michel est l'ange de la force et de la protection. Il s'assure que nous puissions tous atteindre les objectifs que nous nous sommes fixés. Faites appel à lui pour faire preuve de courage et de force lorsque vous apportez des changements importants et nécessaires à votre vie. Lorsque vous vous consacrez à vos projets, il peut faire en sorte de libérer l'esprit logique et les talents associés à l'hémisphère gauche de votre cerveau.*

# 5
# L'Unité

C'est l'occasion idéale de collaborer avec autrui et d'enrichir votre vie sociale. Si vous avez tiré cette carte, c'est que le moment est venu d'agrandir votre cercle d'amis ou de vous joindre à un groupe. Vous souhaitez peut-être vous inscrire à l'école ou encore vous joindre à un organisme spirituel. C'est aussi le bon moment de nouer de nouvelles amitiés. Intègres et dotés d'un sens moral profond, ces nouveaux amis sauront vous soutenir.

Le moment est également venu de vous remettre en question : passez au peigne fin les règles, contraintes ou idées préconçues qui conditionnent votre situation actuelle. Il importe peu que vous en soyez l'auteur ou qu'elles vous aient été imposées par autrui : l'essentiel ici est de vous demander si ces règles sont justes et équitables. Vous pourrez ainsi vous débarrasser des blocages antérieurs nuisant à la matérialisation de vos objectifs.

**Autres significations de cette carte :** experts ou mentors. Recherche du sens de la vie. Faire confiance à un groupe de personnes. Écoles et institutions spirituelles.

*Sandalphon est l'archange apportant sur Terre les messages du Ciel. Faites appel à lui pour accroître votre foi afin de vous engager pleinement, de manière à réaliser vos rêves et objectifs.*

# 6
# Les Amoureux

Cette carte vous indique que vous vous faites du souci à propos d'une relation importante. Il peut s'agir d'une relation amoureuse ou d'une amitié très intime, quoique platonique. À ce stade-ci, la communication est essentielle. Il est donc important que cette relation repose sur la confiance. Il n'y a aucun danger à partager vos sentiments avec l'un de vos proches.

Le moment est également venu de prendre une décision importante à propos de votre vie. Les résolutions que vous prenez en ce moment influenceront grandement votre avenir. Il importe donc d'analyser soigneusement les options qui s'offrent à vous. Assurez-vous que vos choix ont été analysés en profondeur et que vous serez en mesure d'y donner suite.

**Autres significations de cette carte :** besoin d'équilibre. Retour à la santé. Mariage et cérémonies nuptiales.

*En plus d'être l'ange de la santé et du voyage, l'archange Raphaël est le patron des âmes sœurs. Il peut nous aider pour tout ce qui a trait aux relations importantes, qu'il s'agisse d'amour, d'amitié, de relations d'affaires ou de liens familiaux. Il peut aussi faire en sorte que le partenariat dont nous rêvons puisse se matérialiser.*

# 7
# Le Chariot

Félicitations ! Cette carte signifie que vous avez rétabli l'équilibre et trouvé la solution à une situation jusque-là problématique ! Vous avez gagné l'approbation, le respect et la gratitude d'autrui grâce à votre capacité à voir les deux côtés de la médaille, à agir et à prendre des décisions. Savourez la joie que vous ressentez face à ces accomplissements !

Gardez la tête froide et les deux pieds sur terre. Définissez clairement les objectifs que vous désirez atteindre. Faites preuve de sang-froid et de détermination : soyez déterminé à mener vos projets à terme. Exercez un contrôle strict – quoique bienveillant – sur vos collaborateurs.

**Autres significations de cette carte** : autodiscipline. Simple volonté. Grand bond en avant. Promotion ou récompense. Voyage. Modes de transport.

*L'archange Metatron est en mesure d'accroître notre motivation et nos niveaux d'énergie, de manière à ce que nous puissions nous consacrer à nos priorités. Metatron a recours à une forme géométrique sacrée appelée « Merkaba » ou « cube de Metatron ». Cela lui permet de voiler le temps afin que nous concrétisons nos rêves.*

# 8
# La Justice

Cette carte se présente à vous parce que vous êtes sur le point de prendre une décision. Les anges vous recommandent d'ouvrir les yeux et de pondérer attentivement vos décisions. Assurez-vous de faire preuve de justice envers toutes les parties concernées (y compris vous-même).

S'il vous est impossible de faire preuve d'objectivité, demandez à quelqu'un d'autre de jouer le rôle d'arbitre.

Cette carte signifie aussi qu'une décision sera prise en votre faveur. Si vous êtes présentement impliqué dans une dispute d'ordre juridique, il en ressortira quelque chose de positif. En outre, il est important d'examiner attentivement tout document juridique ou contrat avant de le signer.

**Autres significations de cette carte** : faites ce qui vous semble être juste. Assumez les responsabilités découlant de vos actions. Résistez à l'injustice. Défendez vos convictions. Présentez ou acceptez des excuses.

*Le mandat de l'archange Raguel est de maintenir l'harmonie au sein des relations. Il peut nous aider à prendre des décisions relatives à autrui. Faites appel à Raguel : il retablira la paix dans vos relations avec autrui.*

# 9
# L'Ermite

Cette carte indique que vous devriez passer du temps seul afin d'écouter votre voix intérieure. La méditation est essentielle : la voie de l'illumination est d'abord et avant tout un voyage intérieur. Recueillez-vous en silence. Sondez votre propre cœur. Goûtez les joies qui accompagnent la quête de la vérité. Apprenez à être à l'aise lorsque vous vous retrouvez face à vous-même. Il y a toute une différence entre le fait d'*être* seul et celui de *se sentir* seul.

Cette carte peut également renvoyer à un enseignement spirituel. L'heure est peut-être venue pour vous de partager votre sagesse avec autrui ou de faire la rencontre d'un maître spirituel. À ce stade-ci de votre existence, le partage de la sagesse est une composante essentielle de votre cheminement spirituel.

**Autres significations de cette carte :** de bons conseils. Trouver ou devenir un mentor. Découverte de soi. Réévaluation des plans. Se lancer dans une quête spirituelle.

*L'archange Raziel offre de sages conseils à ceux qui sont en quête spirituelle ou qui ont besoin de guidance sur les questions ésotériques. Il peut aussi aider à interpréter les rêves et à comprendre la signification des souvenirs de notre vie antérieure. Faites appel à Raziel afin de découvrir toutes les richesses associées à la méditation, à la contemplation et à la solitude.*

# 10
# La Roue

Les anges vous ont envoyé cette carte parce que des changements positifs sont sur le point de se produire dans votre vie. Attendez-vous à voir surgir de nouvelles occasions bénéfiques. Tâchez de les apprécier lorsqu'elles se présenteront à vous. C'est le moment idéal d'effectuer des changements minimes ou majeurs. Sachez que tout ira pour le mieux. Lancez-vous donc tête baissée.

Vous assistez à l'aplanissement des obstacles qui entravaient jusque-là votre progession. Désormais, tout avance très rapidement. Il est possible que certains événements récents aient émoussé votre foi. Or, ces épreuves étaient positives et salutaires pour vous. Des progrès rapides sont tout à fait plausibles à ce stade-ci.

**Autres significations de cette carte** : chance. Heureux accident. Karma équilibré. Miracle. Hasard de l'existence. Destin.

*L'archange Michel est l'ange protecteur suprême. Il demeure à nos côtés lorsque nous affrontons des périodes de changement, de manière à nous donner la force, le courage et la confiance dont nous avons besoin. Faites appel à Michel lorsque vous avez besoin d'être guidé et rassuré à propos de la prochaine étape à suivre, particulièrement si celle-ci est liée à vos objectifs de vie ou à votre cheminement spirituel.*

# 11
# La Force

Cette carte se présente à vous afin de vous faire savoir que vous êtes plus fort que vous n'osez le croire. Vous êtes vraiment en mesure de faire face à la situation actuelle.

Avant de vous lancer tête baissée, assurez-vous d'aborder la situation avec compassion, bonté et douceur. Cette situation vous demande de faire usage d'un tout autre genre de force : celle associée aux douceurs de la vie spirituelle.

Apprenez à croire en vous-même et à tirer des leçons de vos expériences de vie. Votre force et votre efficacité seront alors décuplées. Tâchez de voir les défis comme des occasions vous étant offertes pour apprendre, appliquer vos connaissances et développer votre touche magique.

**Autres significations de cette carte** : patience. Pardon. Avoir le courage de vos convictions. Préférer le miel au fiel.

*L'archange Ariel est l'ange de l'esprit de la nature. Ariel étant très proche de la Terre, elle peut nous aider à répondre à nos besoins matériels quotidiens : logement, nourriture, vêtements, etc. Faites appel à la force et au soutien d'Ariel si vous vous inquiétez à propos de vos finances ou si vous faites face à une situation désespérée.*

# 12
# L'Éveil

D'après cette carte, le moment est venu de passer vos projets en revue et d'appréhender les choses d'un autre œil. Une approche différente pourrait-elle se montrer plus efficace ? Il se peut que vous fassiez présentement face à une impasse.

Sachez toutefois que cette situation est temporaire. Profitez donc de ce délai additionnel pour revoir vos stratégies.

Vous devrez peut-être transgresser les normes et les idées dominantes. Acceptez et assumez vos croyances. Chérissez vos attitudes uniques et éclectiques. C'est également le bon moment de faire preuve de générosité : offrez du temps, de l'attention et des présents à autrui. Cette « dîme » vous sera rendue au centuple par l'Univers!

**Autres significations de cette carte** : épiphanies. Altruisme. Changements de vie inattendus. Nécessité de faire preuve de patience. Découverte de la puissance qui accompagne le fait d'être pleinement soi-même. Solutions inhabituelles.

*L'archange Gabriel est l'ange aidant les gens à devenir des messagers de l'amour divin. Lorsque vous parlez, pensez et agissez avec amour, vous exercez une attraction irrésistible sur autrui.*

# 13
# La Libération

Cette carte vous indique que le moment est venu de passer à autre chose. Ce projet ou cette phase de votre vie connaissent leur aboutissement. Vous ne retirerez aucun avantage en vous cramponnant à cette situation. Tâchez plutôt de vous départir de vos vieilles habitudes. Faites place à la nouveauté ! Au terme de tout ceci, vous ressentirez peut-être une espèce de soulagement, voire un peu de tristesse. Quoi qu'il en soit, l'heure est venue de vous détourner de ce qui ne vous convient plus.

Prenez le temps de bien intégrer ce changement dans votre vie. Il est inutile de brûler les étapes. Faites preuve d'indulgence à votre endroit au cours de cette période de transition. Demandez à vos amis et à vos proches de vous soutenir.

**Autres significations de cette carte** : changements positifs inévitables. Affrontement de ses peurs. Transitions dans les relations. Évolution spirituelle.

*L'archange Azraël soulage le chagrin que nous éprouvons lorsque nous prenons la décision d'apporter des changements à notre vie. Il nous aide à vivre nos deuils avec sérénité. Faites appel à lui afin de tirer un trait sur le passé et de progresser en toute quiétude.*

# 14
# L'Équilibre

Les anges vous servent une mise en garde : n'agissez pas de manière impulsive et ne prenez pas de décisions précipitées. Abordez plutôt cette situation avec modération et équilibre. Réévaluez votre situation actuelle et changez d'approche : vous obtiendrez de meilleurs résultats de cette manière. S'il vous est déjà arrivé de faire preuve d'impulsivité, assurez-vous cette fois-ci d'apaiser et de rectifier les choses. Vous envisagez d'apporter des changements considérables à votre vie ?

Si tel est le cas, faites les choses graduellement et de manière méthodique. Tel est l'avertissement que vous sert cette carte.

Cette carte vous encourage à collaborer avec autrui et à prendre en compte leur point de vue. La compassion et la bonté sont des vertus essentielles à développer : elles vous aideront à concrétiser vos rêves. Apprenez à pardonner : le pardon est une source de guérison, de renouvellement et de recommencement.

**Autres significations de cette carte** : adoption d'un rythme modéré. Collaboration et mélange d'idées. Retenue. Trouver un juste équilibre entre action et contemplation. Attente du meilleur moment pour passer à l'action.

*L'archange Zadkiel s'efforce de nous rappeler notre véritable identité : nous sommes des enfants de Dieu, dotés d'un riche héritage spirituel. Faites appel à lui pour faire croître en vous des sentiments de valeur et de mérite, de manière à améliorer votre estime personnelle.*

# 15
# L'Ego

Les anges souhaitent vous faire savoir que le sentiment d'étouffement que vous ressentez en ce moment est une illusion. Cette carte vous indique que la plupart des sentiments que vous ressentez tirent leur source d'angoisses n'ayant aucun fondement réel. Remettez donc vos peurs à Dieu et aux anges. Demandez-leur de vous aider à appréhender cette situation de manière positive.

Cette carte indique également que vous accordez une grande importance aux aspects matériels de l'existence. Le Ciel vous reconnaît, certes, le droit d'avoir des besoins physiques, tout comme vos semblables. Votre attitude face à l'accumulation de possessions matérielles est toutefois déséquilibrée. Réévaluez les raisons vous incitant à acquérir ces choses. Vous essayez peut-être de combler un vide affectif. Sachez toutefois que les biens matériels sont incapables de combler un tel vide. Ce dont vous avez réellement besoin, c'est de trouver la paix intérieure par l'intermédiaire d'un cheminement spirituel.

**Autres significations de cette carte :** refus de voir la vérité en face ou d'assumer la responsabilité de la situation. Toxicomanies. Tentations. Dépendances. Endettement excessif.

*Jophiel est l'archange qui nous aide à ressentir des émotions positives et à faire preuve de pensée positive. Faites appel à lui lorsque votre vision du monde, de la vie et de vous-même est cynique et pessimiste. Il saura vous remonter le moral.*

# 16
# L'Expérience de vie

Si vous avez tiré cette carte, c'est qu'un événement récent a joué le rôle d'une sonnerie d'alarme vous incitant à apporter des changements à votre vie. Cette sonnerie a peut-être pris la forme d'une révélation nouvelle ou encore de quelque chose dont vous avez pris connaissance, mais que vous avez préféré ignorer. Vous constatez qu'il vous est désormais impossible de faire l'autruche et que vous devez impérativement passer à l'action.

Il s'agit d'un moment de liberté mais aussi d'éveil. Votre vision du monde et de vous-même est irrémédiablement transformée. Cette période de croissance personnelle vous incite à déployer vos ailes. Accueillez les nouvelles perspectives qui émergent en vous : elles sauront vous motiver à embrasser la voie que votre intuition vous suggère et que votre cœur souhaite ardemment emprunter.

**Autres significations de cette carte** : libération. Compréhension soudaine de la vérité. Changement rapide et inévitable. Temps qui file à vive allure.

*L'archange Samuel peut nous guider vers l'objet de notre quête. Il peut même nous permettre d'établir de bonnes relations avec autrui et nous aider à embrasser une carrière d'inspiration divine. Faites appel à lui et fiez-vous à votre intuition : c'est souvent de manière intuitive que Samuel s'adressera à vous.*

# 17
# L'Étoile

Allez-y ! Faites un vœu ! Les anges vous transmettent le message suivant : vous avez tout à fait raison de garder espoir et de vous attendre à une issue heureuse !

Croyez en vos rêves et envisagez l'avenir avec optimisme, enthousiasme et confiance. Les périodes difficiles sont maintenant derrière vous. Des jours meilleurs se profilent à l'horizon.

Élaborez des projets se déployant sur le long terme. Le moment est maintenant venu d'imaginer votre vie telle que vous souhaitez qu'elle soit – et d'agir en conséquence. Vos attentes et projets bénéficient désormais d'auspices favorables. Fiez-vous à votre intuition et soyez-lui fidèle car ses pressentiements sont exacts.

**Autres significations de cette carte** : foi. But bien précis. Nouveau départ prometteur. Être sur la bonne voie.

*L'archange Jophiel est l'ange de l'optimisme : il nous aide à adopter une perspective et une attitude positives. Faites appel à lui afin qu'il vous aide à célébrer vos victoires et à appréhender votre avenir avec optimisme.*

# 18
# La Lune

Nous connaissons tous des périodes d'insécurité et d'effroi. Parfois, ces peurs sont fondées sur des facteurs externes parfaitement visibles. Ces inquiétudes peuvent également tirer leur origine de préoccupations irréelles ou irrationnelles. Dans un cas comme dans l'autre, il importe de plonger au plus profond de soi et d'écouter son intuition afin qu'elle nous aide à y voir clair. Questionnez votre Moi intérieur sur la source de votre anxiété et fiez-vous à votre guidance.

Les anges vous ont envoyé cette carte parce que vous profitez en ce moment d'une intuition puissante et d'une capacité psychique décuplée. Soyez attentif : les révélations les plus importantes auxquelles vous serez exposé vous concerneront personnellement. Accueillez cette période de prise de conscience personnelle. Profitez-en pour surmonter les blocages ayant jusque-là freiné votre progression. C'est le moment d'exhumer et de sortir de leur cachette les vérités vous concernant. Contemplez la lumière étincelante qui se trouve en vous.

**Autres significations de cette carte** : soyez attentif à vos rêves. Des événements invisibles vous touchent. Illusions.

*On associe depuis longtemps l'archange Haniel à la pleine lune, à l'intuition et à la clairvoyance. Faites appel à lui pour vous aider à cultiver, à développer et à faire confiance à vos dons spirituels, de même qu'à votre guidance divine.*

# 19
# Le Soleil

Cette carte vous indique que vous entamez en ce moment une période bénie ! Vos succès dépasseront vos attentes les plus folles. Les entreprises dans lesquelles vous vous lancerez connaîtront abondance et succès. Continuez d'adopter une attitude positive et tout ira pour le mieux.

Au cours de cette période, vous serez également inspiré par des idées nouvelles qui vous permettront d'élaborer des solutions brillantes. Ayez foi en vous-même !

Votre démarche de croissance personnelle et spirituelle livre ses dividendes : des changements étonnants sont apportés à votre vie. Vous êtes sur la bonne voie : vous connaîtrez bientôt une illumination personnelle.

**Autres significations de cette carte** : joie. Reconnaissance publique. Découverte de révélations essentielles à propos de vous-même. Santé affective ou physique foisonnante.

*Uriel est l'archange soutenant notre fonctionnement mental, y compris en matière d'attention et de concentration. Faites appel à lui pour faire émerger en vous des idées et des solutions novatrices. Uriel peut également vous inciter à faire davantage confiance à votre intelligence et à votre sagesse.*

# 20
# Le Renouveau

Les anges vous ont envoyé cette carte parce que l'un de vos projets arrivera bientôt à échéance. Elle peut aussi vous indiquer que vous êtes à la croisée des chemins et que vous êtes sur le point d'apporter un changement important. L'heure est venue de passer vos projets en revue et de procéder à une évaluation. Évaluez et jugez votre propre vie de façon judicieuse. Prenez ensuite des décisions éclairées.

Ayez l'esprit tranquille : vous êtes fin prêt pour affronter ces changements. Les situations juridiques vous impliquant connaîtront une issue favorable. Vos examens universitaires et épreuves d'agrément se passeront d'ailleurs très bien.

**Autres significations de cette carte :** décision fondatrice. Changement de carrière ou d'emploi. Changement de direction. Renouveau et recommencement.

*Jeremiel est l'archange qui nous aide à évaluer notre vie. Nous pouvons ainsi prendre des décisions éclairées et apporter les changements appropriés. Installez-vous à l'écart dans la solitude, muni d'un bloc-notes et d'un stylo. Faites appel à Jeremiel : il vous aidera à passer en revue tout ce qui a besoin d'être transformé, guéri ou libéré.*

# 21
# Le Monde

Les anges vous ont envoyé cette carte parce que vous avez librement choisi d'accomplir un geste d'une grande importance. Ils tiennent à vous féliciter de votre beau travail. Vous êtes maintenant prêt à passer à autre chose. Savourez pleinement les sentiments d'accomplissement et de réalisation qui s'emparent de vous. Félicitez-vous vous-même pour le tour de force que vous venez de réaliser !

Vous avez franchi une nouvelle étape en matière de développement spirituel et de compréhension de l'Univers. Vous avez ressenti une grande illumination. Cette prise de conscience vous a permis de découvrir de nouvelles façons de ressentir joie et bonheur. Vous êtes animé d'un immense sentiment de gratitude.

**Autres significations de cette carte** : perfection. Atteinte d'une nouvelle étape. Réception d'une récompense. Nouvelle maison ou nouvel emploi. Clarté complète. Conscience cosmique. Apprentissage à tirer pleinement parti de vos talents. Liberté.

*L'archange Michel nous guide et nous encadre en vue de l'atteinte de notre objectif de vie divine. Il connaît les rôles qui incomberont à votre âme. Faites appel à lui pour être guidé à propos des étapes que vous devrez bientôt franchir. Il insufflera en vous le courage, la force et la confiance dont vous aurez besoin dans votre quête.*

# Les arcanes mineurs

À partir de ce point, conformément aux traditions en vigueur dans l'univers du tarot, les cartes ne sont pas numérotées. Les arcanes mineurs se composent de quatre suites d'éléments (feu, eau, terre et air). Chaque suite est formée de quatorze cartes réparties entre l'as et le roi, tout comme dans les jeux de cartes classiques.

Les arcanes majeurs s'intéressaient aux transitions essentielles ponctuant nos existences respectives. Les arcanes mineurs représentent, quant à eux, les réalités de la vie quotidienne. Lors d'un tirage, les cartes de la cour des arcanes mineurs (page, chevalier, reine et roi) peuvent tantôt symboliser une situation, tantôt une personne. Voilà pourquoi nous avons ajouté les mots *Situations* et *Personnes* dans la description de chaque carte de la cour. La première section détaille les applications ou la guidance potentielles qui s'appliquent à la situation. Pour sa part, la deuxième section décrit des traits de personnalité afin que vous puissiez identifier précisément les personnes de votre entourage représentées par la carte.

## *La série du feu*

La série du feu représente les idées et les élans d'inspiration qui nous animent. Elle s'intéresse aux passions que nous ressentons, à la créativité foisonnante dont nous faisons preuve et aux rêves que nous mettons en branle. Cet élément est associé à notre carrière, à l'art, à l'aventure, à la prise de risques et au développement de soi. Le feu peut également représenter l'une ou l'autre de nos passions. Nous avons choisi de symboliser cette suite à l'aide de dragons amicaux en raison de la nature fougueuse de ces créatures et de leur place emblématique dans notre imaginaire collectif.

# As de feu

Une occasion inattendue et enthousiasmante fait irruption dans votre vie ! Des possibilités de carrière créative et inspirante se pointent à l'horizon. Le moment est venu de vivre de nouvelles aventures. Allez-y : foncez !

Sentez-vous libre de vous enthousiasmer pour des idées novatrices. C'est le moment idéal de courir des risques afin de vous rapprocher de la vie dont vous avez toujours rêvé. Si vous souhaitez transformer votre vie, faites-le maintenant !

**Autres significations de cette carte :** démarrer une entreprise. Offres d'emploi ou promotions. Informations nouvelles et enthousiasmantes. Libre expression. Nouveau départ.

# Deux de feu

C'est le moment de trouver votre voie. Les correctifs que vous avez mis en place sont adéquats : ils vous permettront d'améliorer votre carrière ou votre entreprise. Tout au long de votre progression, assurez-vous de prendre des décisions courageuses. Ces choix audacieux seront récompensés. Continuez à aller de l'avant et ne vous laissez pas décourager par des retards temporaires. Ne laissez personne freiner vos progrès. Associez vos efforts à ceux de collaborateurs dont les compétences complètent les vôtres. Ces efforts collectifs et concertés vous aideront à atteindre vos objectifs. Les négociations présentement en cours évoluent de manière harmonieuse.

**Autres significations de cette carte :** excellent sens de la prévoyance. Bons augures. Contrats et accords commerciaux. Grand potentiel. Progrès sous contrôle.

# Trois de feu

Félicitations ! Vous vous engagez dans une époque bénie ! Des succès et des célébrations se profilent à l'horizon ! Évitez toutefois de sombrer dans l'inertie. Continuez à aller de l'avant : consacrez-vous à un nouveau projet. Prenez un peu de recul et passez en revue tout ce que vous avez fait jusqu'à maintenant. Planifiez votre avenir en adoptant une vision à long terme. Vous êtes probablement satisfait de ce que vous avez accompli jusque-là. Cela ne veut pas dire qu'il vous est permis de vous reposer sur vos lauriers ! Soufflez sur la braise ardente de votre enthousiasme. Ayez les yeux rivés sur les sommets qu'il vous sera possible d'atteindre.

Faites preuve de patience : les résultats de vos décisions antérieures vont peut-être se faire attendre. Profitez de ce délai pour analyser les avenues s'offrant à vous pour faire la promotion de votre entreprise ou de vos propres talents.

**Autres significations de cette carte** : gestion des personnes. Commerce prospère. Autosatisfaction. Recherche de conseils sages. Acceptation d'un emploi important. Voyage d'affaires.

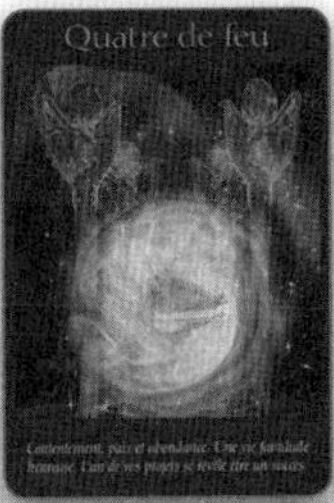


# Quatre de feu

Vous récoltez le fruit de vos labeurs passés. Vous goûtez enfin au contentement, à la paix et à l'abondance. La liberté que votre réussite vous apporte vous donne grande satisfaction. Vous avez réussi à vous frayer un chemin en dépit des obstacles. Le fait d'avoir atteint votre objectif vous remplit de fierté.

Votre vie domestique est enrichissante. L'un des membres de votre entourage va peut-être se marier ou emménager avec un partenaire. La paix et l'harmonie ont été établies. Vous êtes maintenant en quête de stabilité et d'engagement.

**Autres significations de cette carte:** Événement marquant dans votre carrière. Projet mené à bien. Appréciation votre bonne fortune. Se sentir joyeux. Fiançailles, mariage ou lune de miel.

# Cinq de feu

Vous avez fait face à certains défis. Vos valeurs et vos objectifs diffèrent de ceux préconisés par certains membres de votre entourage. Des désaccords et des guerres de pouvoir ont lieu à propos de la démarche à privilégier. Le succès est encore possible, mais cela vous demandera de grands efforts. Peut-être appréciez-vous ce genre de défi. Attendez-vous toutefois à ressentir de la fatigue.

Cette situation est conflictuelle. Chacun des protagonistes devra s'efforcer de comprendre le point de vue adverse. Vous aurez tous besoin de clarté, sinon le conflit ne pourra être résolu.

**Autres significations de cette carte** : compétitions athlétiques. Nuisances. Nécessité de mettre vos priorités en ordre. Être au cœur d'un conflit. Détails ennuyeux.

# Six de feu

Bravo ! Une période de grandes réalisations et de réussite se profile à l'horizon. Votre réputation est excellente : les gens vous ont en haute estime. Vous avez pris de bonnes décisions et avez travaillé très fort. Vos efforts feront peut-être l'objet d'une reconnaissance publique. Il se peut que vous receviez une récompense pour vos accomplissements.

Attendez-vous à recevoir de bonnes nouvelles. Il pourrait s'agir d'une promotion ou d'une nouvelle offre d'emploi.

**Autres significations de cette carte** : victoire ! Être bien dans sa peau. Bonne fortune.

# Sept de Feu

Campez sur vos positions et n'en démordez pas. Vous devrez peut-être défendre vos convictions ou vos décisions. Sachez toutefois que vous triompherez. Il est essentiel que vous vous affirmiez et que vous alliez de l'avant. L'adversité vous rendra plus fort. Vous avez tout ce qu'il faut pour réussir. Défendez vos convictions !

Demeurez alerte et vigilant. Tâchez d'être constamment sur vos gardes, même si vous êtes convaincu d'avoir raison. Les autres envieront peut-être ce que vous possédez.

**Autres significations de cette carte :** choisir ses batailles avec soin. Apprendre à dire non. Confiance en soi. Courage. Mettre au défi ceux qui sont au pouvoir. Persévérance.

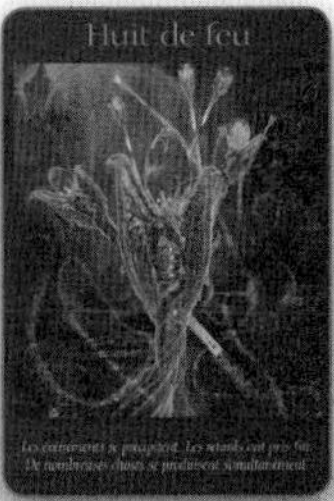


# Huit de feu

Cramponnez-vous, car les choses vont sérieusement s'accélérer ! Les retards que vous avez accumulé jusqu'ici sont désormais chose du passé. Vos plans se concrétisent avec rapidité et énergie. Plutôt frénétique, ce surcroît d'activité risque peut-être de vous prendre au dépourvu. Il est certes un peu déroutant – mais ô combien palpitant et agréable – de voir ses rêves devenir réalité.

Les choses vont soudainement se bousculer. Vous vous sentez submergé ? Tâchez de vous concentrer et de garder les pieds sur terre. Vos messages reçoivent un accueil positif en ce moment. Profitez de l'attention qu'on vous consacre.

**Autres significations de cette carte :** reception d'une information qui vous est nécessaire. Inspiration. Voyage soudain. Niveau de succès inattendu.

# Neuf de feu

Vous avez investi énormément de travail et d'énergie dans cette situation. Cette carte vous invite à bien protéger les choses que vous êtes parvenu à créer ou à obtenir. Faites preuve de courage. Ne doutez pas de votre capacité et de votre droit à défendre le fruit de votre labeur. Redoublez de détermination et n'abandonnez pas.

Vous possédez la sagesse et l'endurance vous permettant de trouver une issue heureuse à cette situation. Tâchez toutefois de faire preuve d'ouverture d'esprit afin d'accueillir l'aide et les points de vue vous étant offerts par autrui.

**Autres significations de cette carte :** être préparé. Force physique. Sentiments de paranoïa. Fatigue.

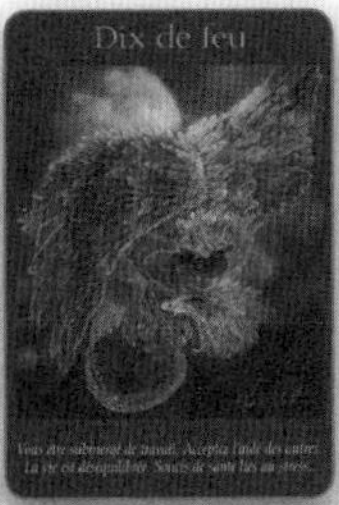


# Dix de feu

Vous avez travaillé trop fort et investi trop de temps. Vous devez rétablir l'équilibre entre votre vie professionnelle et votre vie personnelle. Vous tentez d'en faire trop. Commencez à accepter l'aide qui vous est offerte par autrui.

Il est tout à fait normal d'espérer que votre situation ou votre projet connaisse un dénouement positif. Cela dit, vous devriez revoir votre emploi du temps afin que les activités pénibles ou inutiles y prennent moins de place. Ralentissez votre tempo. Adoptez un rythme plus confortable.

**Autres significations de cette carte :** tout miser sur le travail. Ne pas s'accorder de temps pour les loisirs. L'obscurité avant l'aube. Problèmes liés au stress. Comportement obsessif.

# Page de Feu

**Situations :** une occasion nouvelle et enthousiasmante se profile à l'horizon ! Les anges vous suggèrent de vous investir corps et âme dans cette nouvelle entreprise. Il s'agit, certes, d'un défi mais vous êtes totalement préparé à y faire face. Votre originalité et votre ingéniosité vont épater la galerie !

**Personnes :** une jeune personne extravertie, créative et passionnée par la vie. Un individu enthousiaste à la recherche de nouvelles expériences et en mesure de faire bouger les choses. Optimiste. Confiant. Courageux. Palpitant. Occupé. Espiègle.

**Autres significations de cette carte :** bonnes nouvelles. Projet créatif. Croire en soi.

# Chevalier de feu

**Situations** : une situation importante fait irruption dans votre vie : elle sollicite immédiatement toute votre attention. Le temps est, certes, un facteur clé. Évitez toutefois de prendre des décisions irréfléchies. L'enthousiasme et l'assurance sont de merveilleuses vertus, mais il est cependant très avisé de faire également preuve d'un peu de sagesse et de prudence.

**Personnes** : une personne passionnée par tout ce qu'elle entreprend. Un individu engagé qui agit rapidement. Une personne qui exhibe une confiance et une certitude inébranlables lorsqu'elle agit au nom d'êtres chers ou de causes importantes. Intrépide. Loyale. Charismatique. Sûr d'elle. Aventureuse. Agitée. Probablement impatiente ou trop insistante lorsqu'elle veut obtenir gain de cause.

**Autres significations de cette carte :** aventure amoureuse soudaine et passionnée. Voyage d'affaires. Changement de résidence. Urgence.

# Reine de feu

**Situations** : le moment est venu de déployer vos ailes et de prendre votre envol. Vous avez sous-estimé vos capacités et douté de vous-même. Croyez en tout ce que vous pouvez faire et accomplir. Les personnes souhaitant vous venir en aide seront naturellement attirées par vous. Affirmez votre indépendance et exprimez votre créativité.

**Personnes** : une personne à la personnalité magnétique. Dotée d'un bon tempérament, elle aime la vie. Elle exhibe une grande confiance en elle-même. Son bagage de talents et de compétences est étonnant et très solide. Attirante. Chaleureuse. Intelligente. Gracieuse. Douée. Active. Convaincante. Difficile à prendre au dépourvu.

**Autres significations de cette carte :** se fier à son intuition. Trouver un équilibre entre vie personnelle et vie professionnelle. Désirer recevoir de l'attention et de la reconnaissance.

# Roi de feu

**Situations** : concentrez-vous, concentrez-vous, concentrez-vous… Et foncez ! Consacrez votre temps et votre énergie à la tâche qui vous occupe. Vous êtes un leader. Votre enthousiasme est une source d'inspiration pour autrui. Vous serez peut-être conseillé par une personne reconnue pour sa capacité à trouver des solutions créatives.

**Personnes :** un leader né possédant un grand charisme, du charme et de la perspicacité. Il s'agit souvent d'un chef d'entreprise ou d'organisme. Ce genre de poste lui permet de faire preuve d'innovation et d'accomplir de grandes choses. Créatif. Idéaliste. Ambitieux. Influent. Motivant. Professionnel. Théâtral.

**Autres significations de cette carte :** projet d'entreprise. Prendre la parole devant un groupe. Avoir le courage de ses convictions. Faire une différence.

## *La série de l'eau*

La série de l'eau s'adresse aux profondeurs de nos émotions. Ces cartes parlent de nous lorsque nous tombons amoureux, que nous nous occupons de nos enfants et que nous permettons à nos cœurs de ressentir des sentiments profonds. Les cartes d'eau s'intéressent à l'amour, au romantisme, à nos relations, à notre famille, à nos rêves et à nos désirs. Cette suite englobe également les profondeurs de nos dons intuitifs et psychiques. Associée aux merveilles du monde aquatique, cette série a été représentée à l'aide de sirènes et de tritons magnifiques. Ce choix nous a semblé naturel en raison de la capacité de ces créatures à faire émerger les émotions refoulées dans les profondeurs de l'inconscient.

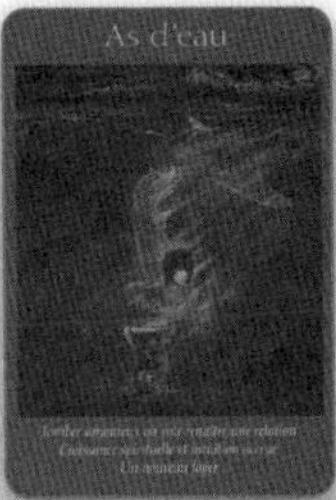


# As d'eau

Une nouvelle personne merveilleuse fait irruption dans votre vie ! Il pourrait s'agir du début d'une relation amoureuse, ou encore d'un sursaut de romantisme dans votre relation actuelle. Vous pourriez ressentir des émotions positives telles que la joie, le plaisir et le bonheur. Vous pourriez tomber amoureux.

Vos habiletés psychiques – ainsi en est-il du télé-toucher (sentiments intuitifs) – connaissent un essor en ce moment. Les expériences riches en émotions que vous éprouvez actuellement s'accompagnent d'un développement de votre vie spirituelle.

**Autres significations de cette carte** : véritable amitié. Âmes sœurs. Compassion et bonté. Nouveau foyer.

# Deux d'eau

Deux personnes vivent en ce moment une relation étroite. Une amitié pleine de tendresse s'approfondit constamment. Une histoire d'amour atteint un niveau supérieur d'intimité. Les partenaires ont développé une relation fondée sur l'amour, le respect mutuel et la compréhension.

Votre relation fait l'objet d'un processus de guérison. Il est encore possible de vivre un engagement durable. Le moment est venu de mettre fin à une relation. Les difficultés ayant opposé des individus ou des groupes sont sur le point d'être résolues. Les conflits prennent fin et le pardon est accordé.

**Autres significations de cette carte :** romantisme. Attirance sexuelle. Engagement. Âmes sœurs. Cadeau inattendu. Communion d'idées.

# Trois d'eau

L'heure est à la fête ! Des mariages, des annonces de grossesse, des naissances et des réunions sont à prévoir. Des diplômes sont sur le point d'être obtenus. Des promotions se profilent à l'horizon.

Tâchez de vous amuser davantage ! Vous travaillez trop : apprenez à vous détendre. Organisez une fête ou prenez des vacances.

**Autres significations de cette carte :** communauté. Hospitalité. Divertissement. Bonne fortune. Dénouements heureux.

# Quatre d'eau

Le moment est venu de réévaluer votre situation : vous êtes sur le point de passer à côté d'une occasion intéressante. La solution que vous cherchez est à portée de la main. Heureusement, des forces positives s'efforcent présentement de vous venir en aide. Jetez votre regard sur de nouvelles possibilités. Acceptez l'aide qui vous est offerte.

Vous avez toutefois de la difficulté à vous concentrer. Une sensation lancinante vous obsède : celle d'être pris au piège au plan affectif. Vous avez peut-être focalisé toute votre attention sur les chosès qui vous manquent. Ce faisant, vous avez pris pour acquises les bonnes choses étant déjà à votre disposition.

**Autres significations de cette carte :** mécontentement. Apathie. Rêveries. Se réfugier dans un monde imagniaire. Ressentir un quelconque manque. Ennui.

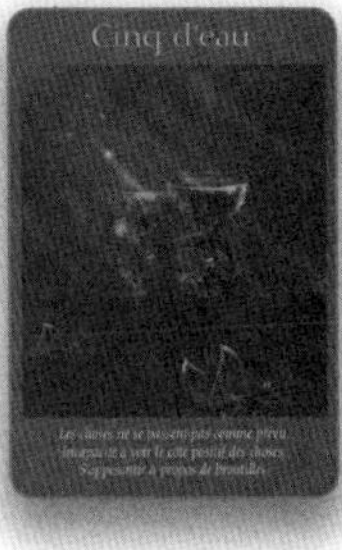


# Cinq d'eau

Les choses ne se déroulent peut-être pas comme prévu. Tâchez de ne pas focaliser toute votre attention sur les aspects négatifs. N'oubliez pas que chaque situation comporte un aspect positif. Vous refusez peut-être de voir le bon côté des choses. Il n'est ni utile ni souhaitable de résister au changement – ou de tenter d'ignorer son existence. Dites-vous plutôt que rien n'arrive sans raison. Il est très sain de regretter ce que l'on a perdu et de prendre le temps de panser ses plaies. Faites appel à vos amis, à votre famille et à des conseillers avisés : ils sauront vous soutenir et vous réconforter.

**Autres significations de cette carte :** tristesse. Fin d'une relation. Volonté de modifier le passé. Obsession. S'apesantir sur des broutilles.

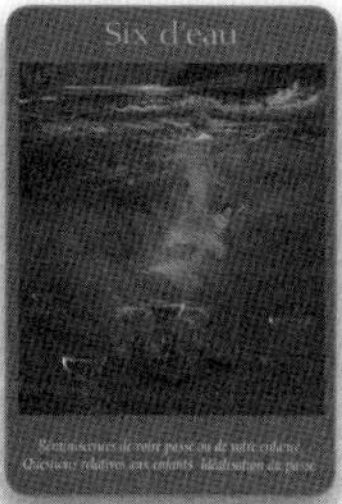


# Six d'eau

Des souvenirs de votre passé ou de votre enfance remontent à la surface. Ces réminiscences ne sont cependant pas fortuites. Peut-être s'agit-il d'un ancien problème que vous devez résoudre dès à présent. Ces souvenirs pourraient également être un signe avant-coureur de ce qui pourrait vous arriver. Vous allez peut-être renouer avec des vieux amis ou avec d'anciens amoureux. Vous pourriez également ressentir des liens karmiques très forts avec certaines personnes que vous venez de rencontrer. Tant et si bien que vous aurez l'impresion qu'il s'agit de vieux amis.

Les enfants pourraient avoir un impact considérable sur cette situation. Cette carte peut également symboliser l'innocence enfantine ou l'absence de remords.

**Autres significations de cette carte :** héritage. Cadeaux. Réunions. Partage. Faire preuve de bonté envers autrui ou soi-même. Idéaliser le passé.

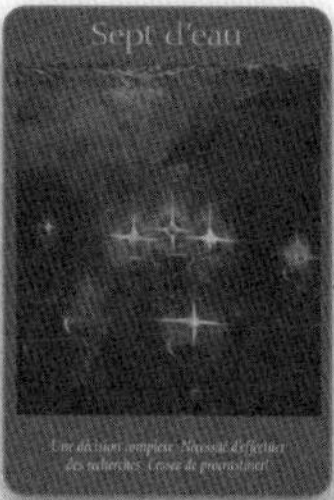


# Sept d'eau

Vous êtes peut-être confronté à une décision complexe. Vous avez du mal à faire un choix : un trop grand nombre d'options s'offre à vous. Effectuez les recherches nécessaires ou demandez conseil à un mentor.

Cessez de tergiverser. Mettez-vous à l'œuvre ! Votre regard a-t-il été attiré par l'une des coupes illustrées sur cette carte ? Si tel est le cas, observez attentivement la couleur de son chakra car elle a une grande signification pour vous. Elle vous guidera tout au long de votre processus de prise de décision. Le rouge est associé au foyer, à l'argent et à la sécurité ; l'orange est associé à la créativité, aux dépendances et à la sexualité ; le jaune symbolise le pouvoir et le contrôle ; le vert renvoie à l'amour et à la guérison ; le bleu clair symbolise la communication et une vérité jaillissante ; le bleu foncé est associé aux visions et aux habiletés psychiques ; le violet renvoie quant à lui à la spiritualité.

Concentrez-vous. Et méfiez-vous des attentes irréalistes.

**Autres significations de cette carte** : faire face à une surabondance de choix. Confusion. Fantasmes. Laisser libre cours à son imagination. Dépendances.

# Huit d'eau

Vous ressentez le besoin de passer à autre chose. Vous vous désintéressez des choses qui, jusque-là, vous passionnaient. Vous êtes à la recherche d'activités plus significatives ou plus gratifiantes. Votre évolution spirituelle et affective vous incite à rompre avec votre passé. Ces changements vous apporteront les bienfaits que vous recherchez.

C'est le moment idéal pour se livrer à une introspection : les réponses à vos questions se trouvent à l'intérieur de votre âme. Détournez-vous des distractions qui vous éloignent de votre véritable voie. Si vous ressentez un vide existentiel, comblez-le de manière saine ! Vous pourriez également être appelé à déménager, à changer d'emploi ou à vous engager dans une relation.

**Autres significations de cette carte :** prendre la décision de mettre un terme à une situation douloureuse. Vide. Être en quête d'épanouissement spirituel. Souffrir d'épuisement *(burn-out)*.

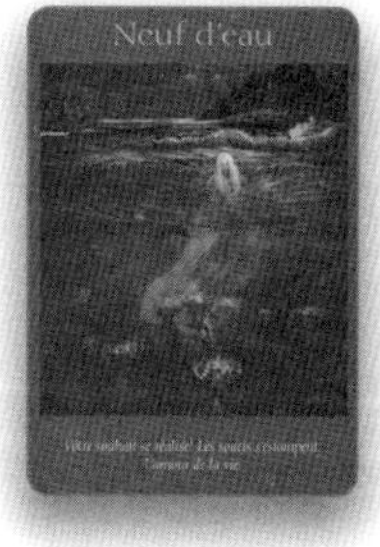


# Neuf d'eau

Votre souhait s'est réalisé ! Vos prières ont été entendues. Vos efforts ayant été récompensés, vos soucis devraient commencer à s'estomper. Vous avez atteint certains objectifs financiers. La fortune vous sourit !

Vous commencez à goûter aux plaisirs simples de la vie. Le luxe et le confort matériel vous sont désormais accessibles. Vous êtes entouré de beauté, de bonheur et de contentement.

**Autres significations de cette carte :** amour de la vie. Plaisir. Liberté. Les choses se passent comme vous l'avez souhaité. Autosatisfaction.

# Dix d'eau

Votre vie familiale est heureuse et enrichissante. Une grande harmonie vous unit aux membres de votre entourage. Les gens qui vous entourent sont fiables et dignes de confiance. Vous vous sentez privilégié et aimé. Vos besoins matériels et affectifs sont comblés.

Les liens qui vous unissent à votre famille et à vos amis sont authentiques. Vous baignez dans la paix, la joie et l'amour inconditionnel.

**Autres significations de cette carte :** mariages heureux. Relations positives avec les enfants. Sécurité. Prendre soin des membres de sa famille.

# Page d'eau

**Situations :** une nouvelle personne ou une situation inédite fait irruption dans votre vie. Cette nouveauté suscite des émotions intenses. Il pourrait s'agir du début d'une amitié ou d'une relation amoureuse. Vous pourriez également assiter à la renaissance d'une vieille amitié ou d'une ancienne histoire d'amour. Votre relation actuelle est peut-être sur le point d'entamer une nouvelle phase. Prenez le temps de discuter de vos sentiments avec les membres de votre entourage. Votre intuition et votre habileté psychique pourraient également être renforcées au cours de cette période.

**Personnes :** une jeune personne émotive, intuitive et sensible. Douce et bienveillante, cette personne est dotée d'un sens artistique, bien qu'elle soit parfois plutôt silencieuse. Compréhensive. Amicale. Introvertie. Compatissante. Romantique.

**Autres significations de cette carte** : lettre d'amour. Imagination. Entreprises artistiques. Rêves importants.

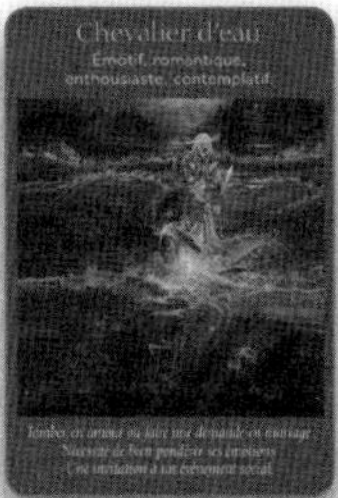


# Chevalier d'eau

**Situations :** vous ressentez des émotions profondes. Des situations ou des relations sont sur le point d'exercer une grande influence sur votre vie. Il se peut que vous tombiez amoureux ou qu'une demande en mariage surgisse dans votre vie. L'un des membres de votre entourage (il peut s'agir de vous) doit apprendre à mener une vie émotive plus équilibrée. Cette personne risque d'être submergée par un raz de marée émotionnel. Vous pourriez être invité à participer à une fête ou à un quelconque rassemblement.

**Personnes :** il s'agit d'une personne extrêmement émotive qui est fascinée par l'amour, le romantisme, l'art et la beauté. Elle est à la fois charmante, contemplative et idéaliste. Sensible. Romantique. Imaginative. Enthousiaste. Raffinée. Rêveuse.

**Autres significations de cette carte** : confident attentif. Rêveur. Flirt. Liens avec votre vie antérieure. Mélodrame.

# Reine d'eau

**Situations** : votre vie affective ou vos relations avec autrui atteignent un niveau supérieur. Les choses ne sont certes pas parfaites. Vous êtes néanmoins envahi par une sensation de paix et de calme. Votre intuition vous guide instinctivement vers la prochaine étape à franchir. Fiez-vous à vos émotions et à vos pressentiments relatifs à autrui. Il est important de prendre soin des autres, mais assurez-vous toutefois d'être également attentif à vos propres besoins.

**Personnes** : il s'agit d'une personne aux émotions profondes, quoique matures. Intuitive, elle est en mesure de ressentir les besoins d'autui et de les combler avec amour. Ses dons psychiques l'incitent à faire confiance à ses perceptions, de manière à se frayer un chemin dans le monde physique. Tendre. Compréhensive. Patiente. Généreuse. Douce. Qui accepte inconditionnellement les autres.

**Autres significations de cette carte** : mécène des arts. Amour de la famille et du foyer. Ami cher et fiable. Grand talent créatif.

# Roi d'eau

**Situations** : confident et conseiller naturel, vous êtes totalement à l'écoute des gens. Vous vous appuyez sur votre propre expérience afin de leur offrir des conseils bienveillants et des paroles réconfortantes. Ouvrez votre esprit aux idées d'autrui et acceptez celles qui diffèrent des vôtres. Vous devriez peut-être faire du bénévolat au sein d'un organisme caritatif afin de venir en aide aux personnes ayant eu moins de chance que vous. Vous recevrez d'excellents conseils de la part d'une personne digne de confiance. Tâchez de suivre ses suggestions à la lettre.

**Personnes** : il s'agit d'une personne avisée et compatissante, dont la vie intérieure est très riche. Dotée d'une force tranquille, cette personne est en mesure de percevoir la vérité et de dégager le sens profond qui se profile derrière toute situation. Les solutions qu'elle propose sont parfaites : d'une grande intelligence, ses suggestions viennent du fond du cœur. Digne de confiance. Cultivée. Respectée. Fiable. Accomplie. Stable sur le plan affectif.

**Autres significations de cette carte :** partenaire amoureux digne de confiance. Médiateur. Personne cultivée s'intéressant à l'art et à la musique. Membre bien en vue de la société.

## *La série de l'air*

La série de l'air symbolise notre intellect. Elle s'intéresse aux décisions que nous prenons et à notre analyse des situations, en plus de donner une voix à nos pensées. L'air est associé à la justice, à la vérité, aux idéaux, au système judicaire, aux communications et aux autres sphères de la vie intellectuelle. Nos peurs et inquiétudes « logeant » elles aussi dans notre esprit, cette suite peut également révéler les luttes et les préoccupations auxquelles nous faisons face dans nos vies. Nous avons choisi d'avoir recours aux licornes pour illustrer la série de l'air. Créatures dotées d'une essence tranquille, elles sont étroitement associées aux pensées paisibles.

# As d'air

De nouvelles idées prennent leur envol ! Attendez-vous à vous sentir grandement inspiré, possiblement à propos d'un événement ou d'une situation qui vous avait jusque-là perturbé. Vous avez maintenant l'occasion de créer quelque chose d'étonnant : vous débordez donc d'enthousiasme. Dirigez vos pensées vers l'atteinte de vos objectifs à long terme. Élaborez un plan d'action pour y parvenir.

Vous êtes désormais en mesure de percevoir la vérité se profilant derrière la situation qui vous préoccupe. Tout est clair maintenant. Votre nouvelle compréhension des choses dissippe la confusion et chasse les faussetés qui contaminaient jusque-là votre esprit. Vous êtes maintenant prêt à aller de l'avant.

**Autres significations de cette carte :** début difficile. Transformer le négatif en positif. Solution intellectuelle brillante.

# Deux d'air

Vous êtes aux prises avec une décision difficile. Vous vous questionnez sur la voie à suivre, ce qui suscite en vous des émotions et des pensées contradictoires. Vous êtes donc tenté de ne prendre aucune décision à ce sujet. Vous savez intuitivement ce que vous devriez faire. Or, vous avez peur d'agir et vous faites face à une impasse. Fiez-vous à votre propre sagesse et allez de l'avant !

Les interlocuteurs se dirigent vers un cul-de-sac. Un compromis doit être trouvé. Cherchez un médiateur impartial afin de trouver une solution.

**Autres significations de cette carte :** analyse excessive de la situation. Faire comme s'il n'y avait pas de problème. Négociations complexes. Douter de soi-même.

# Trois d'air

Un événement venant tout juste de se produire vous rend triste. Il peut s'agir d'une situation nouvelle ou d'un événement issu de votre passé qui continue de vous perturber. Sachez que la tristesse finira par s'atténuer. Un jour, vous comprendrez le sens de cette situation et son importance dans votre vie. Prenez le temps de panser vos plaies. Exorcisez les souvenirs douloureux qui vous assaillent. Allez bravement de l'avant.

Le pardon est doté d'un puissant potentiel de guérison. Cessez de vous cramponner à l'énergie émanant des déceptions ou des conflits du passé. Faites preuve d'indulgence à votre endoit. Cessez de vous torturer pour les mauvaises décisions que vous avez prises. Vous avez fait de votre mieux à ce moment-là. L'heure est venue de passer à autre chose.

**Autres significations de cette carte :** malentendus. Solitude. Soucis à propos de vos relations. Révélations douloureuses.

# Quatre d'air

Accordez-vous un peu de repos. Prenez des vacances, ou regroupez-vous avec des proches afin de recharger vos piles. Retirez-vous du monde. Éloignez-vous du stress et de vos soucis. Si vous avez été malade, tâchez de vous rétablir pleinement. Faites une pause avant de vous remettre en selle.

Vous avez besoin d'un peu de solitude. La situation qui vous préoccupe vous demandera de vous livrer à une réflexion considérable. Les propositions intellectuelles se montrent-elles incapables de trouver une solution à votre problème ? Si tel est le cas, livrez-vous à une séance de méditation : vous pourriez trouver les réponses à vos questions.

**Autres significations de cette carte** : besoin de davantage de sommeil. S'accorder plus de temps avant de prendre une décision. Fin d'une période stressante. Se sentir mentalement épuisé.

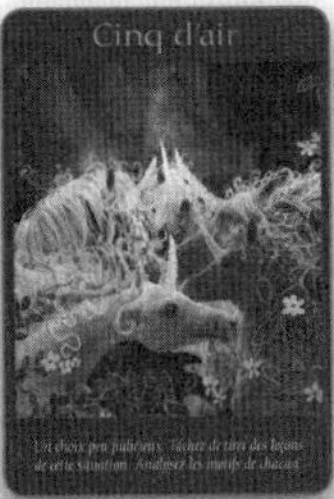


# Cinq d'air

Cette situation ne se déroule pas comme prévu. Vous pouvez cependant faire une nouvelle tentative. Votre puissance n'est nullement liée à l'issue de cette situation. L'essentiel est ailleurs : tout dépendra de la façon dont vous vous comporterez. À ce stade, le coût de cette entreprise peut vous sembler trop élevé. Livrez-vous à une évaluation détaillée de la façon dont les choses se sont produites. Tirez-en des leçons précieuses pour la postérité.

L'une des personnes impliquées dans la situation n'est pas intègre. Son désir de gagner est si grand qu'il fera fi des besoins d'autrui. Analysez les motifs de toutes les parties concernées (y compris les vôtres). Tentez d'accoucher d'une solution gagnant-gagnant.

**Autres significations de cette carte :** choix peu judicieux. Désir de vengeance. Penser uniquement à soi. Jubiler.

# Six d'air

L'avenir semble prometteur et le pire est maintenant derrière vous ! Une lumière est enfin visible au bout du tunnel. Le stress et la pression cessent d'être au centre de votre existence.

Le vent du changement souffle sur votre existence. Il s'agit d'ailleurs d'un vent favorable. Profitez de ce moment pour apporter des changements à votre carrière, à votre vie familiale... ou à votre vision du monde.

**Autres significations de cette carte :** voyage. Fin d'une dépression ou d'une maladie. Résolution d'un conflit. Partir et passer à autre chose.

# Sept d'air

Cessez de vous consacrer à la tâche qui vous occupe. Examinez attentivement la vérité se profilant derrière cette situation. Les balises encadrant votre comportement reposent peut-être sur d'importantes omissions ou sur des suppositions erronées. Évaluez vos projets de manière objective – ou consultez un expert afin d'identifier les correctifs devant être apportés.

Faites preuve de prudence : n'oubliez pas que le diable est dans les détails. Évitez donc de faire preuve de négligence. Revoyez la chronologie de vos actions. Il est peut-être trop tôt pour aller de l'avant. Il est également possible que vous tergiversiez inutilement, ce qui risque de vous faire rater une occasion importante. Questionnez-vous à propros des motivations des parties concernées : se pourrait-il que l'un des protagonistes camoufle ses véritables intentions ?

**Autres significations de cette carte** : préférer travailler ou vivre seul. Secrets embarrassants. Fuir les responsabilités. Vol.

# Huit d'air

Ne vous enlisez pas dans cette situation, particulièrement si elle vous rend malheureux. Il se peut que vous n'entrevoyiez pas d'issue favorable en ce moment. Cela dit, penchez-vous à nouveau sur la question ! Divers chemins s'offrent à vous afin que vous puissiez vous sortir de cette situation de façon saine et harmonieuse.

Vous devez d'abord avoir confiance en vos capacités. Croyez en vous et assurez-vous que vos pensées soient positives, particulièrement en ce moment. La clé de la liberté et de la réussite consiste à voir la vérité se profilant derrière la situation et à agir avec conviction.

**Autres significations de cette carte** : confusion. Sentiment d'impuissance. Tendance à se considérer comme une victime. Avoir peur d'agir.

# Neuf d'air

Assurez-vous que vos pensées soient positives. Vos pensées négatives et obsessives sont la cause première des ennuis qui vous préoccupent en ce moment. Débarassez-vous de votre sentiment de culpabilité : les regrets sont un gaspillage d'émotions. Tâchez plutôt de percevoir les occasions étonnantes que l'avenir vous réserve. Tournez le dos au passé.

Si vous faites des rêves désagréables en ce moment, notez-les dans un calepin. Faites preuve de bienveillance : ces rêves s'efforcent peut-être de vous transmettre des informations que vous devrez ensuite communiquer aux anges. La dépression est peut-être l'enjeu qui vous préoccupe. Si tel est le cas, incitez la personne qui en souffre à faire appel à un professionnel.

**Autres significations de cette carte :** insomnie. Pensées filant à vive allure. S'attendre au pire. Prophéties s'accomplissant d'elles-mêmes. Inquiétude. Stress lié à la maladie.

# Dix d'air

Cette situation a pris fin. La fin d'un chapitre est l'occasion de connaître un nouveau départ. Il se peut que vous ressentiez un mélange de tristesse et de soulagement à propos de ce qui s'est passé. Le moment est venu de tourner la page et d'aller de l'avant. Attendez-vous à ce que les circonstances s'améliorent.

L'heure est peut-être venue de réorienter votre carrière. Vous êtes peut-être sur le point de compléter un projet à long terme. Peut-être avez-vous décidé de trouver un autre emploi. N'imposez pas de limites aux merveilleuses choses pouvant vous être offertes par l'Univers. Élargissez vos perspectives afin de percevoir les occasions fantastiques qui s'offrent à vous !

**Autres significations de cette carte :** rien ne saurait vous empêcher d'aller de l'avant et de viser les plus hauts sommets ! Rétablissement au terme d'une dépendance. Réaction mélodramatique.

# Page d'air

**Situations** : les informations nouvelles qu'on vous présentera pourraient peut-être constituer un défi ou engendrer des retards. Ces informations pourraient vous être communiquées par une personne dépourvue de tact, qui parle sans réfléchir. N'y voyez rien de personnel. L'essentiel, ici, c'est le message. Ne tirez donc pas sur le messager.

**Personnes** : une jeune personne généralement intelligente, honnête et dotée d'une insatiable curiosité. Son esprit analytique et sa grande intelligence lui permettent de révéler la vérité à propos de maintes situations. Juste. Logique. Impassible. Impulsive.

**Autres significations de cette carte** : nouveau défi. Contrat ou accord. Critique constructive. Questions juridiques. Commérages.

# Chevalier d'air

**Situations :** les événements ponctuant votre existence filent à vive allure ! Vous serez désormais en mesure de mettre en œuvre vos projets. Attendez-vous donc à un surcroît d'activité. L'intellect et la créativité occupent le haut du pavé : tâchez donc d'adopter des points de vue non traditionnels. Prenez le temps de bien pondérer les options qui s'offrent à vous.

**Personnes :** il s'agit d'une personne extrêmement intelligente qui est en mesure d'agir rapidement et de penser encore plus rapidement. Véritable bulldozer, elle est quasi-impossible à arrêter, particulièrement lorsqu'elle défend une cause. Idéaliste. En mesure de prendre des décisions. Savante. Infatigable. Assurée. Manque parfois de tact.

**Autres significations de cette carte :** situation ou conflit inattendu. Décision impulsive. Sauveur.

# Reine d'air

**Situations :** votre aptitude à prendre des décisions éclairées est plus que jamais nécessaire. Découvrez les intentions cachées. L'heure est venue de couper les liens avec les gens ou les choses qui n'apportent rien de bon à votre existence. Tâchez néanmoins d'aborder cette situation avec humour.

**Personnes :** il s'agit d'une personne faisant preuve de beaucoup de perspicacité lorsqu'il s'agit de jauger des situations ou des individus. Pleine d'esprit, vive et honnête, elle aborde l'existence avec un brin de légèreté. Plutôt perfectionniste, elle s'efforce toutefois de ne pas juger autrui. Une personne non mariée. Indépendante. Expérimentée. Candide. Réaliste.

**Autres significations de cette carte :** nécessité d'en finir avec la confusion. Sagesse s'appuyant sur l'expérience. Idylle faisant du surplace. Individus divorcés.

# Roi d'air

**Situations** : vous pourriez recevoir des conseils précieux de la part d'un professionnel intelligent. Assurez-vous que les décisions que vous prenez soient justes et équitables pour tous les protagonistes. N'hésitez pas à consulter une tierce partie, le cas échéant. Tâchez toutefois de livrer le fond de votre pensée et d'avoir confiance en vos moyens.

**Personnes** : il s'agit d'une personne qui est au sommet de son art. Elle occupe une fonction importante dans des domaines intellectuels tels que le droit, la science ou les affaires. Très éloquente, elle est reconnue pour son habileté à faire preuve d'objectivité et de diplomatie. Brillante. Source d'autorité. Impartiale. Professionnelle. Équilibrée. Motivante.

**Autres significations de cette carte** : justice. Médiateur. Omettre de prendre en considération les aspects affectifs d'une situation. Gouvernement ou armée.

## *La série de la terre*

La série de la terre symbolise le monde matériel où nous gagnons notre vie, où nous soignons notre corps et où nous prenons soin de notre mère la Terre. Les aspects de nos vies représentés par cette série englobent l'argent, le travail, le foyer, la sécurité, la santé, les ressources, l'éducation, la société et l'environnement. Nous avons choisi d'illustrer cette série à l'aide de fées, en raison des pouvoirs magiques de ces créatures et de leurs liens étroits avec notre planète.

# As de terre

Une abondance considérable se dirige vers vous en ce moment. Vous pourriez recevoir une promotion, une augmentation de salaire ou une somme d'argent tout à fait inespérée. Si vous démarrez une entreprise, celle-ci a de grandes chances de réussir. Les fondements de la prospérité ont été bien établis.

C'est le moment idéal pour faire des investissements. Prenez le temps d'étudier soigneusement les occasions qui s'offrent à vous. Attendez-vous à recevoir des documents juridiques, des contrats ou de la correspondance.

**Autres significations de cette carte:** recevoir un cadeau. Santé qui s'améliore. Obtenir un diplôme. Des achats considérables. Chance considérable.

# Deux de terre

Vous en faites trop. Vous pourriez faire face à de l'instabilité financière ou devoir mener de front un trop grand nombre de projets. En dépit du stress qui vous assaille, vous êtes parvenu à maintenir le *statu quo* au travail et à la maison. Si vous souhaitez réorienter votre carrière, assurez-vous de conserver votre poste actuel et d'opérer progressivement la transition vous menant vers un nouvel emploi.

Vous devrez prendre une décision à propos de la situation qui vous préoccupe. Faites preuve d'ouverture d'esprit : accueillez les idées créatrices ou les perspectives novatrices. Si vous avez du mal à vous décider, adoptez une approche plus ludique. Le simple fait d'alléger votre esprit peut vous aider à trouver les réponses avec aisance.

**Autres significations de cette carte** : faire face au changement. Occuper plusieurs emplois. Nécessité d'équilibrer son budget. Faculté d'adaptation.

# Trois de terre

Vous pourriez résoudre la situation qui vous préoccupe à l'aide de dur labeur et d'une bonne planification. Vos immenses talents et compétences pourraient faire l'objet d'une reconnaissance ou d'une récompense. Investissez-vous dans le travail qui vous passionne et donnez le meilleur de vous-même. Votre créativité sera grandement récompensée.

Vous pourriez être appelé à vous joindre à un groupe ou à un organisme. Tâchez de faire preuve d'esprit d'équipe et de collaborer avec autrui dans le cadre de ce projet.

**Autres significations de cette carte :** participer à la création de quelque chose de beau ou d'une grande qualité. Gravir des échelons dans sa vie professionnelle. Enseigner et partager son savoir-faire. Vocation artistique.

# Quatre de terre

Cette carte peut symboliser les extrêmes. Il peut s'agir d'un avertissement vous étant adressé afin que vous preniez soin des ressources dont vous disposez. Le moment est peut-être venu de commencer à épargner et à restreindre vos dépenses. Il est également possible que vous soyez beaucoup trop prudent sur le plan financier. Cette carte peut aussi vous inciter à consacrer du temps ou de l'argent à des œuvres de charité et à de nobles causes. Vos efforts sont récompensés. Soyez toutefois aux aguets et à l'affût de nouvelles possibilités. Le changement est inévitable et peut vous rapprocher de nouvelles sources d'abondance. Faites preuve d'ouverture face aux occasions nouvelles et enthousiasmantes qui pourraient surgir. Ne permettez pas à la peur de brider votre action.

**Autres significations de cette carte :** bonnes décisions d'affaires ou d'investissement. Achats considérables. Pingrerie. Avoir peur de perdre son butin.

# Cinq de terre

Vous accordez trop d'importance aux choses dont vous croyez avoir besoin. Vous êtes victime de la loi de l'attraction : votre sensation de manque donne naissance à une réalité dominée par le « manque ». Les gens ou les choses pouvant vous venir en aide sont à portée de la main. Votre pessimisme vous empêche toutefois de les voir. Vous devriez réévaluer vos pensées : portez attention aux mots que vous employez et aux croyances qui vous animent lorsqu'il est question d'argent. Cessez de vous plaindre. Acceptez l'aide qui vous est offerte.

Les choses vont heureusement s'arranger. Vos sentiments désagréables ne sont que temporaires. Entre-temps, tâchez de prendre soin de votre santé physique et affective.

**Autres significations de cette carte :** travail autonome incertain. Ralentissement de l'activité économique. Batailles juridiques infructueuses.

# Six de terre

L'abondance converge dans votre direction. L'Univers apprécie les âmes reconnaissantes : il offre abondance et plénitude à celles et ceux qui font preuve de gratitude. Vous pourriez bénéficier de cette abondance ou être celui qui la distribue. Ces dons peuvent être de nature financière ou prendre une autre forme : une occasion d'affaires ou de carrière, un conseil, etc.

De nouvelles occasions de carrière se présentent à vous. Elles sont offertes aux personnes dignes de confiance et qui sont en mesure d'être justes et responsables. Vous pourriez bientôt recevoir une promotion, une récompense financière ou une prime.

**Autres significations de cette carte :** partage de profits. Bénéficier d'un prêt. Rembourser ses dettes. Reconnaissance offerte pour un travail bien fait.

# Sept de terre

Les fruits de votre labeur continuent de croître. La récolte est d'ailleurs imminente. Tâchez de faire preuve de patience et de faire une pause afin de planifier les prochaines étapes de votre projet. Vous avez peut-être l'impression qu'il vous reste encore beaucoup de chemin à parcourir. Mais, ne perdez pas de vue tout ce que vous avez accompli jusqu'ici. Passez en revue les progrès accomplis et adoptez une perspective plus large pour jauger ces progrès.

L'anxiété que vous ressentez à propos de la situation actuelle n'a pas le moindre fondement. Les périodes d'inertie et de surplace que vous vivez sont temporaires. Profitez-en pour vous reposer, prendre des vacances ou vous ressourcer.

**Autres significations de cette carte :** persévérance. Atteindre une nouvelle étape. Envisager une nouvelle approche. Inquiétudes inutiles.

# Huit de terre

Vous vous consacrez à votre travail ou à vos études. Vous vous êtes renseigné sur votre carrière, votre vocation ou votre projet. Vous êtes assurément sur la bonne voie. Votre dévouement, votre compétence et vos talents sont appréciés et seront bientôt récompensés.

Cela dit, il vous reste encore bien des choses à apprendre. Tâchez donc de suivre des cours conformes à vos intérêts ou en lien avec votre profession. Vous devez désormais faire preuve de sérieux et vous engager dans des études ou des activités de recherche. Le moment est peut-être venu de retourner à l'école.

**Autres significations de cette carte :** travail artisanal. Programme d'apprentis. Diligence. Souci du détail.

# Neuf de terre

Votre autonomie, votre sagesse et votre retenue ont porté leurs fruits. Vous avez fait de l'excellent travail et êtes fin prêt pour affronter cette période de votre vie. Profitez-en pour vous reposer et jouir de certains luxes.

Vous appréciez la solitude. Les moments que vous passez seul avec vous-même vous apaisent et vous comblent. Vous tentez de donner un surplus de sens à votre vie. C'est pour cette raison que vous plongez au fond de votre âme, espérant y trouver une source d'inspiration.

**Autres significations de cette carte :** travail autonome prospère. Manne financière inattendue. Appréciation de la nature et des animaux. Travaux de rénovation et nouvelle décoration.

# Dix de terre

L'abondance et la sécurité financière sont à portée de la main. Reposant sur des bases solides et durables, votre projet connaîtra le succès. La réussite fera germer en vous un sentiment de sécurité. Le confort matériel est désormais (ou sera bientôt) à votre portée. Vous ressentirez une grande satisfaction à la vue de vos réalisations. Vous aurez d'ailleurs la chance d'en profiter. Tâchez toutefois d'apprécier les petites choses de la vie.

Votre vie familiale est solide, sûre et paisible. Le mot famille doit être pris au sens large : il peut s'agir des personnes apparentées par le sang, d'une « famille choisie » ou d'une communauté de personnes avec lesquelles vous avez de profondes affinités. Vous tirez un grand réconfort des personnes de votre entourage, tout en étant extrêmement reconnaissant pour les bienfaits dont vous profitez.

**Autres significations de cette carte :** bonheur. Héritage. Transmission de connaissances. Sentiment d'accomplissement.

# Page de terre

**Situations :** vous recevrez bientôt de bonnes nouvelles en ce qui a trait à votre situation financière ! Vos projets connaissent le succès et évoluent à un rythme soutenu. Vous pourriez vous découvrir un nouvel intérêt ou une nouvelle passion.

**Personnes :** il s'agit d'une jeune personne qui étudie ou qui aime étudier. Plutôt optimiste, elle est néanmoins en mesure de se livrer à une évaluation réaliste de ce qui peut être accompli. Prospère. Fiable. Patiente. Économe. Digne de confiance.

**Autres significations additionnelles de cette carte :** effectuer des recherches. Présenter une sagesse n'ayant aucune commune mesure avec son âge. Retour aux études. Matérialisme.

# Chevalier de terre

**Situations :** le moment est venu d'accomplir quelque chose ! Cessez de peaufiner vos plans : passez à l'action. Honorez vos promesses et vos engagements. Faites preuve de minutie : ayez le souci du détail.

**Personnes :** cette personne saura faire preuve de loyauté, de dévouement et de fiabilité. Bien entraînée, elle effectue constamment un travail d'excellente qualité. Connue pour son amour de la nature et des animaux, cette personne pourrait être végétarienne. Précise. Diligente. Attentionnée. Honorable. Bonne.

**Autres significations de cette carte :** motivation renouvelée. Abondance accrue. Voyage d'affaires. Ange gardien.

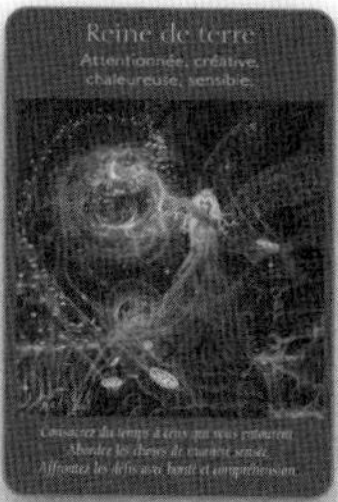


# Reine de terre

**Situations** : n'oubliez pas de vous socialiser et de consacrer du temps à vos semblables. Vous avez beaucoup à offrir à votre famille, à vos amis ou aux personnes ayant eu moins de chance que vous dans la vie. Faites preuve de compréhension, de confiance, d'ingéniosité et de chaleur humaine face aux défis qui se présentent à vous.

**Personnes** : digne de confiance, cette personne est toujours prête à donner un coup de main. Chaleureuse, créative et intelligente, elle est en mesure de résoudre efficacement les problèmes. Altruiste. Axée sur la famille. Raisonnable. Ayant le sens des affaires. Réaliste, mais en mesure d'apprécier les belles choses.

**Autres significations de cette carte** : prospérité. Approche raisonnable. Avoir le pouce vert. Amour des enfants et des animaux. Sensualité.

# Roi de terre

**Situations :** c'est le début d'une période de succès. Vos projets actuels avancent bien. Vous recevrez peut-être une promotion ou une augmentation de salaire. Vos talents et vos compétences vous permettront (ou permettront à d'autres) de recevoir des récompenses. Saisissez les occasions qui s'offrent à vous et soyez convaincu de votre aptitude à réussir !

**Personnes :** il s'agit d'une personne extrêmement douée pour tout ce qui a trait au monde des affaires. Elle gère bien l'argent et prodigue d'excellents conseils. Ayant connu une carrière couronnée de succès, elle peut désormais profiter des bonnes choses de la vie. Professionnelle. Généreuse. Responsable. Pragamatique. Compétente.

**Autres significations de cette carte :** le toucher de Midas. Entrepreneur prolifique. Employeur. Sécurité financière.

# À propos de l'artiste

*Toutes les illustrations sont de Steve A. Roberts*

Artiste visionnaire et talentueux, **Steve A. Roberts** est autodidacte. Il a acquis son métier en étudiant l'œuvre de ses idoles de jeunesse – des artistes légendaires du fantastique tels que Frank Frazetta et les frères Hildebrandt. La seule formation académique dont il a bénéfié a eu lieu lorsqu'il a assisté aux cours de la Ringling School of Art and Design.

Il est né dans dans la petite ville de Palmetto, en plein cœur de la Floride, à proximité du Golfe du Mexique. Comme la plupart des artistes, il a commencé à dessiner lorsqu'il était enfant. Il s'est ensuite insallé en Alaska (une région ayant toujours fasciné son imaginaire) et y a vécu pendant douze ans.

Au cours de cette période, Steve a été conducteur de taxi à Anchorage, a travaillé dans la construction, a bâti une cabane en bois sur une terre de seize hectares et a peint les merveilles de ce pays de conte de fées. Son travail a alors commencé à être l'objet d'une attention et d'un intérêt grandissants. À son retour en Floride, Steve a mis sur pied sa propre entreprise : Fantasy Graphics. Il est maintenant reconnu comme l'un des nouveaux artistes les plus talentueux dans le domaine de l'illustration fantastique.

**Coordonnées** : site Web : **www.fantasy-graphic.com** • Courriel : steve@fantasy-graphic.com

# À PROPOS DES AUTEURS

**Doreen Virtue** est une voyante et une métaphysicienne de quatrième génération. Elle possède trois diplômes universitaires en psychologie de l'orientation. Elle est l'auteure de nombreux ouvrages, jeux de cartes et émissions audio sur les anges, le développement psychique et les sujets liés au corps et à l'esprit.

Doreen apparaît fréquemment à la télévision et à la radio, où elle est mieux connue sous le nom de « Femme ange ». Pour obtenir de plus amples renseignements sur ses ateliers, ses livres, ses produits audio, ses baladodiffusions, sa tribune libre à la radio et ses cartes oracles, veuillez visiter son site Web à : **www.AngelTherapy.com**.

ANGEL THERAPY®

**Radleigh Valentine** est conférencier, auteur et animateur radio de renommée internationale. Spirituel et intuitif, ce comptable agréé est en voie de guérison. Après avoir quitté le monde des affaires, Radleigh a acquis une réputation internationale à titre de créateur de RadScopes, des horoscopes hebdomadaires mêlant tarot et humour.

Pour de plus amples renseignements, visitez : **www.MagicalThings.com**.